27

In 1610.

DISCOURS

PRONONCÉ

SUR LA TOMBE DE M. OZANNE.

DISCOURS

PRONONCÉ

SUR LA TOMBE DE M. OZANNE,

A BÉRANGEVILLE, LE 5 JANVIER 1827,

Par M⁰ Duloug, Avocat à Evreux.

PARIS,

IMPRIMERIE DE SELLIGUE,

BREVETÉ POUR LES PRESSES MÉCANIQUES ET A VAPEUR,

RUE DES JEUNEURS, N° 14.

1827.

DISCOURS

PRONONCÉ

SUR LA TOMBE DE M. OZANNE,

A BÉRANGEVILLE, LE 5 JANVIER 1827.

MESSIEURS,

Au moment où la tombe est ouverte pour engloutir prématurément la dépouille d'un vertueux citoyen, adressons encore un dernier adieu à celui que tant de qualités précieuses recommandaient à notre estime et à notre vénération ; qu'il me soit permis de vous rappeler ses vertus civiques, ce pur et ardent patriotisme, qui le plaçaient, à si juste titre, au nombre des véritables amis de la France.

Vous venez d'entendre la voix éloquente d'un de

ses anciens élèves déplorer une perte que tous ont si vivement ressentie ; je me sens à mon tour le besoin d'être ici l'interprète de la douleur de ses amis, de disputer encore quelques instans à la terre la proie qu'elle attend, et de retarder d'autant une éternelle séparation.

M. Ozanne n'avait pas encore trente ans, lorsqu'une ère nouvelle s'ouvrit en France à la voix de la liberté, accourue des rives du nouveau monde ; de la liberté, qui, depuis, après avoir visité l'Europe presque entière, a repris son vol vers les lieux de son origine. Doué d'une âme sensible et généreuse, M. Ozanne ne put qu'unir sa voix aux acclamations de tout un peuple, heureux de voir enfin tomber les chaînes que depuis long-temps il ne portait qu'avec impatience ; il ne put qu'applaudir aux principes d'éternelle justice qui étaient enfin reconnus et proclamés.

Eût-il été entièrement désintéressé dans les grandes questions qui s'agitaient, l'indépendance de son caractère ne l'en eût pas moins naturellement porté à embrasser avec ardeur la cause sacrée de la liberté ; mais un intérêt puissant la lui rendit encore plus chère. Ennemi de toute espèce de dissimulation et d'hypocrisie, il ne fut heureux que le jour où il se vit enfin libre de secouer un joug qu'on avait imposé à son jeune âge et à son inexpérience.

Depuis cette époque, il consacra sa vie entière à l'étude et à la patrie; c'est entre elles qu'il partagea tous ses momens. Disons mieux, du jour que le mot patrie, grâce aux heureux changemens qui s'étaient opérés, ne fut plus un vain mot, c'est à elle seule qu'il voua son existence; jamais il ne connut d'autre passion que celle du bien public, et s'il se livra avec ardeur à acquérir de vastes connaissances, ce n'était qu'afin d'être plus à portée de se rendre utile à son pays.

Inébranlable dans ses principes, il se montra, dans tous les temps, supérieur aux événemens. Ennemi de l'arbitraire, quelle qu'en fût l'origine, l'apparence même d'une injustice révoltait son âme généreuse; il sentait un plaisir secret à voler au secours des victimes de l'oppression, et plus d'une fois devant un tel adversaire, l'homme puissant fut forcé de renoncer à ses projets iniques.

L'opinion publique, quoi qu'en puissent dire des gens intéressés à la calomnier, parce qu'elle leur rend trop bien justice, l'opinion publique sait en général apprécier les hommes. A l'époque où les

communes avaient recouvré leur droit imprescriptible d'élire leurs magistrats, M. Ozanne fut appelé
à des fonctions publiques. La ville d'Evreux le
nomma son magistrat municipal ; il se montra alors
ce qu'on devait attendre de lui, administrateur habile, magistrat intègre, impartial interprète des
lois qu'il était chargé de faire exécuter.

Mais déjà, par suite d'imprudentes résistances, de
coupables provocations, d'odieuses intrigues, soldées
par l'or des puissances étrangères, et de trames
ourdies par quelques hommes intéressés à bouleverser le pays qu'ils avaient abandonné, un esprit
de licence et d'anarchie avait succédé à ces généreuses
et utiles réformes que la France entière avait consacrées par ses joyeuses acclamations.

M. Ozanne voulut en vain dans nos contrées,
d'accord avec d'honorables citoyens, opposer une
digue au torrent qui menaçait de tout envahir.
Persécuté, proscrit, il fut obligé de se soustraire au
péril qui menaçait sa tête ; plus d'une fois il entendit
retentir les menaces de ces hommes qu'on a vus dans
tout les temps, à toutes les époques, sous tous les
régimes, accourir au secours du parti victorieux, et

se montrer prêts à devenir les fidèles instrumens de ses vengeances.

Quand, après ces jours d'orage, l'horizon politique se fut enfin éclairci, des écoles publiques furent ouvertes à une jeunesse trop long-temps oubliée dans nos troubles, et qu'on devait croire alors destinée à la glorieuse mission d'assurer la conquête de l'indépendance, pour laquelle leurs pères avaient combattu et combattaient encore chaque jour sur tous les champs de bataille de l'Europe.

M. Ozanne et plusieurs de ses honorables amis, qui comme lui avaient les plus justes droits à l'estime et à la considération publique, furent compris dans l'organisation de l'école centrale de l'Eure. M. Ozanne fut appelé spécialement à professer les mathématiques.

C'est alors qu'il révéla la vaste étendue de connaissances que lui avaient acquises ses travaux assidus ; c'est alors qu'on fut à portée de reconnaître qu'il possédait à un degré éminent cet art d'enseigner, qui ne peut exister sans la science, mais qui n'en est pas toujours la conséquence ; méthode, clarté, précision, il réunissait tous les avantages, et je n'en veux d'autres preuves que le grand nombre d'élèves distingués qui sont sortis du cours de mathématiques et qui ont contribué à rendre cette école centrale un des titres de gloire de notre département.

Plus tard, M. Ozanne devint le principal du collége d'Evreux. Cet établissement, presque désert au moment où il en prit la direction, ne tarda pas à prospérer; en peu de temps, sous son habile et sage administration, il compta plus de cent élèves.

Ce n'étaient plus des hommes presque faits qu'il s'agissait de diriger et d'instruire, c'étaient pour la plupart des enfans dans un âge encore tendre, auxquels il fallait donner des leçons élémentaires. M. Ozanne, grâce à la supériorité de ses connaissances, ne s'en montra que plus apte à remplir les nouveaux devoirs qu'il s'était imposés

Mais homme de bien avant tout, philanthrope éclairé, il sentit que, quand on embrassait l'honorable mais difficile mission de l'éducation publique, ce n'était pas assez de donner de l'instruction à ses élèves, qu'il fallait surtout en faire des gens de bien, de véritables amis de leur pays.

Il s'attachait donc à leur démontrer cette vérité, trop souvent méconnue par les passions, et dont il était lui-même, pour ainsi dire, la preuve vivante, que, si quelque bonheur est réservé à l'espèce humaine, c'est dans l'accomplissement de ses devoirs que l'homme peut le trouver.

En lui, chaque élève trouvait sans cesse la tendresse d'un père de famille éclairé, d'un père de famille toujours occupé de remplir ses devoirs. Aussi, Messieurs, est-il un seul de ceux qui ont eu le bonheur d'être comptés parmi ses élèves, qui n'ait conservé pour lui la tendresse d'un fils? En est-il un seul parmi vous, qui en ce moment ne croie pleurer un père ?

Si M. Ozanne, dans la carrière de l'instruction publique, a laissé de si honorables souvenirs, combien de qualités non moins recommandables n'ont pu être suffisamment appréciées que par ceux qui ont vécu dans son intimité! quelle foule de bonnes actions n'ont été connues que de celle qu'il avait associée à son sort, et qui, dans tous les temps, comme dans cette douloureuse circonstance, s'est toujours montrée si digne du choix qu'il avait fait! Elle seule pourrait nous révéler le bonheur qu'elle devait à cette union qu'aucun nuage n'a jamais troublée.

Mais ce que nous savons tous , malgré l'obscurité dans laquelle sa modestie le portait à s'envelopper, c'est que l'ami que nous pleurons était le modèle de la plus parfaite probité, non de cette probité presque équivoque , qui pense avoir assez fait lorsqu'elle n'a rien dérobé à personne , mais de cette vertu plus rare, plus excellente, qui ne recherche, qui ne désire même aucun avantage, qu'elle ne pourrait recueillir qu'au détriment d'autrui.

Vous rappellerai-je son noble désintéressement , lorsque institué légataire universel d'un vénérable parent, auquel il avait prodigué pendant ses dernières années les soins les plus affectueux , il ne voulut pas profiter d'un bienfait qui dépouillait ses co-héritiers, et partagea avec eux les biens qu'un testament lui avait conférés? Pourrait-on d'ailleurs s'étonner d'apprendre qu'il ne voulut pas conserver des biens , sur lesquels d'autres personnes pouvaient s'imaginer avoir quelques droits, lorsque nous savons qu'une partie de ce qu'il possédait cessait d'être à lui, du moment qu'un malheureux venait la réclamer? Jamais dans tout le cours de sa vie l'infortune n'implora en vain sa pitié.

Naguère encore des étrangers, que des événemens

récens rappelaient dans leur patrie dont les dissensions politiques les avaient chassés, étaient réduits dans leur détresse à solliciter des secours : trop souvent ils avaient à essuyer des refus cruels, ou ils n'obtenaient que de faibles dons dispensés, pour ainsi dire à regret ; mais ils s'adressent à M. Ozanne : l'aspect de ces proscrits, qui n'ont eu d'autre tort que d'aimer la liberté qui fut toujours son idole, a ému son âme généreuse ; ce ne sont plus des étrangers qu'il a sous les yeux, ce sont des amis, des frères ; admis avec leur famille à sa table hospitalière, les infortunés ont pu penser un instant qu'ils avaient revu leur patrie, et que déjà ils étaient au milieu de leurs compatriotes.

Tel était, Messieurs, celui qu'une mort prématurée a enlevé à notre amitié, à l'amour d'une épouse chérie. A la nouvelle de ce douloureux événement, tous à l'envi nous nous sommes empressés de venir lui rendre un dernier hommage ; c'était un tribut que nous devions payer à ses vertus.

Souvent l'homme puissant, au moment où la mort vient faire planer sur sa tête son fatal niveau, avant même que ses yeux soient fermés à la lumière, trouve la solitude autour de cette couche , près de laquelle se pressaient naguère les courtisans de sa fortune ; si le luxe et la magnificence déploient encore toutes leurs pompes autour de son tombeau , trop souvent l'orgueil seul en fait tous les frais.

Ici, ce n'est point une pompe de commande, nul étranger au cœur froid et insensible n'est venu glacer et tarir par sa présence les épanchemens d'une douleur trop légitime; nulle main mercenaire n'a touché la dépouille mortelle de celui que nous pleurons.

Je vois se presser autour de cette tombe les malheureux que sa main a secourus, les opprimés dont il a pris la défense, les élèves dont il s'était plu à former le cœur et à développer l'intelligence, une famille éplorée dont il fut l'appui, d'honorables citoyens qui étaient fiers d'être comptés parmi ceux qu'il honorait de son estime et de son amitié; j'y vois enfin cette femme, modèle de son sexe , qui, puisant dans l'excès même de sa douleur une force surnaturelle, a voulu suivre jusqu'à leur dernier asile, et ne rendre qu'à la terre elle-même, les restes chéris d'un époux.

Tous les yeux sont baignés de larmes; de toute

part retentissent les sanglots de la douleur. Voilà ce que ne pourraient payer ni l'or ni la puissance! Voilà la juste récompense de l'homme de bien! Voilà le digne cortége du véritable ami de son pays!

FIN.